Paris
1889

Goethe, Johann Wolfgang von

Epigrammes

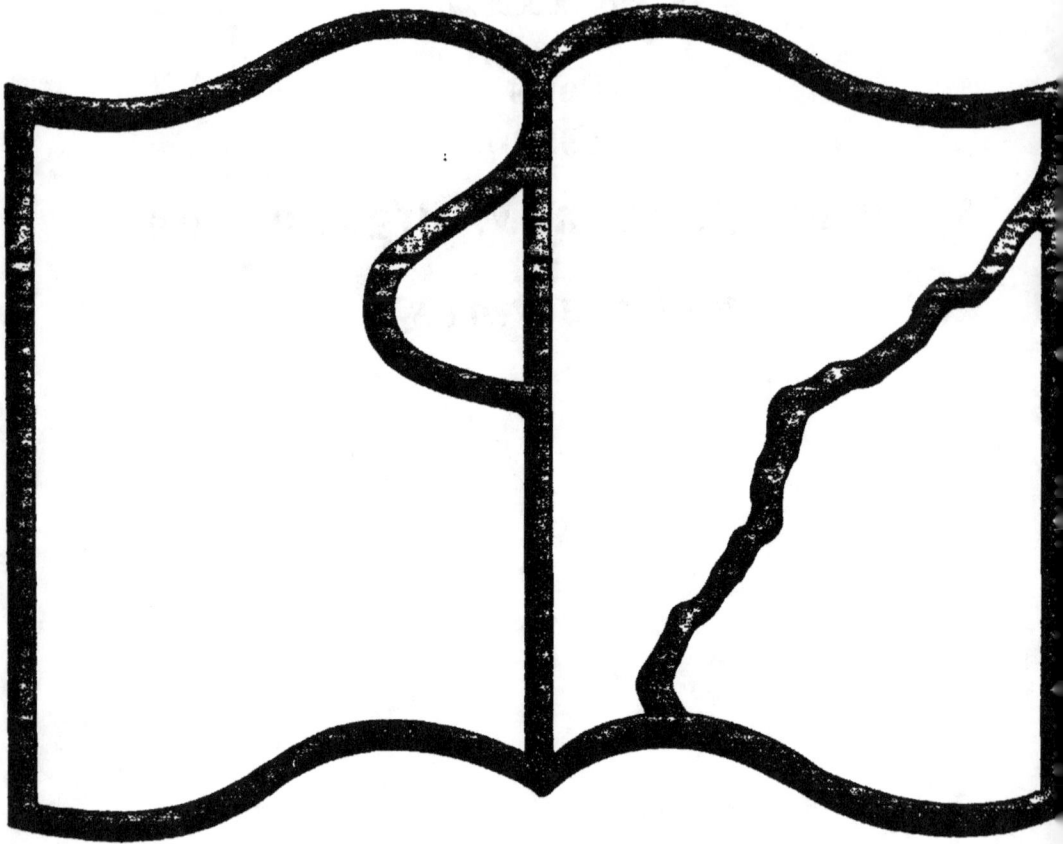

**Symbole applicable
pour tout, ou partie
des documents microfilmés**

Texte détérioré — reliure défectueuse

NF Z 43-120-11

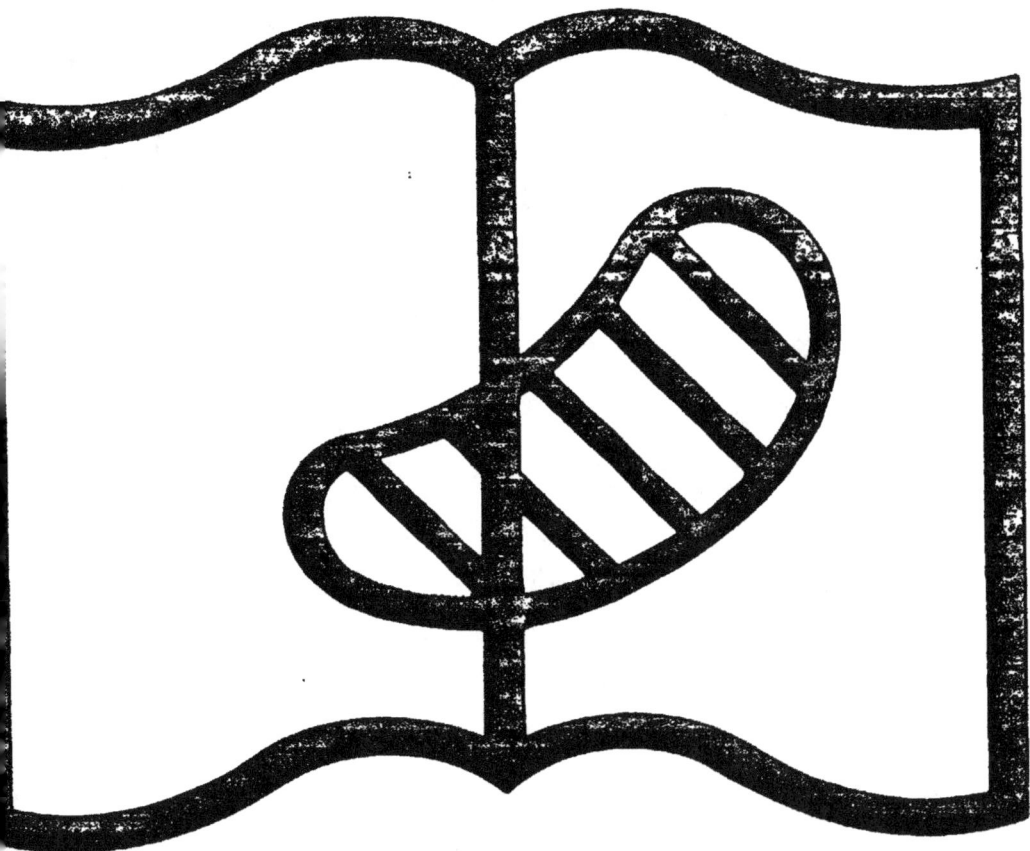

Symbole applicable
pour tout, ou partie
des documents microfilmés

Original illisible

NF Z 43-120-10

GŒTHE

ÉPIGRAMMES

(Venise, 1790.)

SEULE TRADUCTION COMPLÈTE

PAR

RALPH SCHROPP

Ce petit livre montre gaîment comme
l'argent et le temps ont été gaspillés.

GŒTHE.

PARIS

LIBRAIRIE FRANÇAISE ET ÉTRANGÈRE

AUGUSTE GHIO, ÉDITEUR

Palais-Royal, Galerie d'Orléans, 1, 3, 5, 7

1889

ÉPIGRAMMES

DE GŒTHE

DU MÊME AUTEUR

AUS VERSCHIEDENEN WELTEN. — Nouvelles. —
Un beau volume in-16 de 368 pages. Stuttgart
1878, C.-F. Simon, éditeur.

DAS MUSEUM MARCELLO UND SEINE STIFTERIN.
— Jolie brochure petit in-8°, avec un beau portrait
de Marcello. Zürich, 1883, César Schmidt, éditeur.

———

L'AUTOMATE. — Récit tiré d'un palimpseste, décou-
vert et traduit par Ralph Schropp. — Joli petit
volume in-16, caractères elzéviriens, sur papier
de Hollande. Paris, 1880, A. Ghio, éditeur.

ÉLÉGIES ROMAINES de Gœthe, traduction nouvelle
par Ralph Schropp. — Joli petit volume in-16,
caractères elzéviriens, sur papier de Hollande.
Paris, 1883, A. Ghio, éditeur.

Nice.— Imp. Malvano-Mignon, rue Gioffredo, 62.

GŒTHE

ÉPIGRAMMES

(Venise, 1790)

SEULE TRADUCTION COMPLÈTE

PAR

RALPH SCHROPP

---

*Ce petit livre montre gaiement comme
l'argent et le temps ont été gaspillés.*

GŒTHE.

———✳———

PARIS

LIBRAIRIE FRANÇAISE ET ÉTRANGÈRE

AUGUSTE GHIO, ÉDITEUR

Palais-Royal, Galerie d'Orléans, 1, 3, 5, 7

—

1889

ÉPIGRAMMES

———

I

LE païen ornait d'une façon vivante les sarcophages et les urnes. Des faunes dansent tout autour et forment, avec le chœur des bacchantes, un cercle bigarré. Le joufflu aux pieds de bouc pousse bruyamment le son voilé hors du cornet aigu. Cymbales et tambours résonnent; nous voyons et nous entendons le marbre. Oiseaux qui voltigez, quel goût délicieux votre bec trouve au fruit! Nul bruit ne vous chasse; il effraie moins encore l'Amour qui, dans cette foule bariolée, s'amuse aussitôt avec sa torche. Ainsi l'abondance triomphe de la mort, et la cendre qui repose là, semble encore se réjouir de l'existence dans la silencieuse demeure. Que de la sorte ce parchemin, richement orné de vie par le poète, entoure donc plus tard son sarcophage!

II

A peine, au ciel plus limpide, eus-je aperçu le soleil éclatant, et, du haut en bas du rocher, le lierre abondamment festonné en couronnes; à peine eus-je vu le vigneron actif marier la vigne au peuplier, un vent tiède m'arriva au-dessus du berceau de Virgile. Alors les Muses se joignirent aussitôt à l'ami ; nous nous laissâmes aller à un entretien interrompu, comme cela plaît au voyageur.

III

Sans cesse, plein de désirs, j'enlace la bien-aimée de mon bras ; sans cesse, mon cœur s'appuie fermement contre son sein ; sans cesse, ma tête repose sur ses genoux ; je porte mes regards sur sa bouche délicieuse. je contemple ses yeux. — « Efféminé ! me reprochera quelqu'un, est-ce ainsi que tu passes tes jours ? » Hélas ! je les passe mal. Ecoute plutôt ce qui m'arrive. Je tourne malheureusement le dos à l'unique joie de la vie ; voici déjà le vingtième jour que la voiture me traîne. Les *vetturini* me désobéissent ; le camérier me flatte et le valet de place combine ses mensonges et ses duperies. Si je tente de leur échapper, c'est le maître de poste qui me saisit ; les postillons ordonnent et la douane ensuite. — « Je ne te comprends pas; tu te contredis; tu semblais reposer divinement, comblé de bonheur, comme Renaud. » Ah ! je me comprends bien : mon corps voyage, mais mon esprit repose toujours sur le sein de la bien-aimée.

IV

Voici l'Italie que j'ai quittée. Toujours les routes y sont couvertes de poussière; toujours, quoi qu'il fasse, l'étranger s'y trouve dupé. Vainement tu chercherais à tous les coins la probité allemande; la vie et le mouvement sont ici, mais point d'ordre et de discipline : chacun n'a souci que de soi, se méfie d'autrui, est vaniteux, et les maîtres de l'État ne songent aussi qu'à eux-mêmes. Le pays est beau; mais, hélas ! je n'y retrouve plus Faustine ; ce n'est plus l'Italie que je laissai avec douleur.

V

Je reposai, étendu dans la gondole, et je passai entre les navires qui, pour la plupart chargés de marchandises, sont ancrés dans le grand canal. Tu trouves là toutes sortes de denrées pour les différents besoins : du blé, du vin, des légumes, des bûches, tout aussi bien que de légers fagots. Nous filions, rapides comme une flèche ; une branche égarée de laurier me cingla vivement les joues. Je m'écriai : — « Daphné ! veux-tu me blesser ?... J'attendais plutôt une récompense. » La nymphe murmura en souriant : — « Les poètes ne pèchent pas gravement : légère est la punition. — En avant ! »

VI

Lorsque je vois un pèlerin, je ne puis jamais retenir mes larmes. — Oh! comme une idée fausse nous rend heureux, nous autres hommes !

VII

J'avais un amour; il m'était cher au-delà de toutes choses. Mais je ne l'ai plus! Je me tais et supporte ma perte.

VIII

Je comparerai cette gondole à un berceau qui ondule doucement, et la petite caisse qui le surmonte, semble un cercueil spacieux. — C'est bien cela! Entre le berceau et le cercueil nous chancelons et nous planons, insoucieux, entraînés sur le grand canal de la vie.

.·.

IX

Nous voyons le nonce marcher solennellement à côté du doge ; ils ensevelissent le Seigneur : l'un d'eux appose le sceau à la pierre. J'ignore ce que pense le doge ; mais l'autre sourit assurément du sérieux de cette cérémonie.

X

Pourquoi le peuple se démène-t-il et crie-t-il de la sorte ? — Il veut vivre, produire des enfants et les nourrir aussi bien que possible. — Rappelle-toi cela, voyageur, et agis de même à ton foyer ! Qu'il arrive à ce qu'il voudra, aucun homme ne saurait aller plus loin.

XI

— « Comme les prêtres carillonnent !
Comme ils prennent à cœur que l'on vienne,
surtout que l'on marmotte, aujourd'hui
aussi bien qu'hier ! » — Ne critiquez pas
les prêtres; ils connaissent les besoins de
l'homme; combien il se sent heureux s'il
babille demain ainsi qu'aujourd'hui !

XII

Que l'illuminé se fasse des disciples aussi
nombreux que le sable de la mer; le sable
est du sable. Sois pour moi la perle, ô toi,
mon judicieux ami !

XIII

Il est doux, au printemps, de fouler
d'un pied délicat le trèfle en germe et de
caresser d'une main affectueuse la laine de

l'agneau ; il est doux de voir les branches
nouvellement vivaces couvertes de fleurs,
d'appeler ensuite, le regard plein de désirs,
le feuillage verdoyant. Il est plus doux
cependant d'orner de fleurs le sein de la
bergère, et, de ce bonheur multiple, Mai
me prive cette fois.

XIV

Je comparerai ce pays à l'enclume, le
prince au marteau et le peuple à la tôle
qui se recourbe entre les deux. Malheur à
la pauvre tôle si les coups, uniquement
arbitraires, portent mal assurés; jamais le
chaudron ne paraîtra fini !

XV

L'illuminé se fait aisément des disciples
et remue la foule, alors que l'homme sensé
ne compte que de rares amis. Les tableaux

miraculeux sont, en général, de mauvaises
peintures. Pour le vulgaire, il n'y a ni
œuvres d'art, ni œuvres de l'esprit.

XVI

Que celui-là se fasse souverain, qui y
trouve son intérêt; quant à nous, nous
choisirions celui qui comprendrait le nôtre.

XVII

La misère enseigne à prier, dit-on. Si
quelqu'un veut l'apprendre, qu'il aille en
Italie ! L'étranger y trouvera à coup sûr la
misère.

XVIII

Quelle vive cohue vers cette boutique !
— Comme sans trêve on pèse, reçoit l'argent et remet la marchandise ! — On vend

ici du tabac à priser. C'est ce qui s'appelle
se connaître soi-même ! Sans ordonnance
et sans médecin, le peuple se cherche de
l'ellébore.

XIX

Tout noble Vénitien peut devenir doge ;
c'est ce qui le rend, déjà enfant, si distin-
gué, soigné, prudent et fier. Les oublies
sont, pour cette raison, si fines dans l'Italie
catholique ; car c'est de la même pâte que
le prêtre consacre le Dieu.

XX

A l'arsenal se tiennent au repos deux
lions de l'antique Grèce ; le portail, la tour
et le canal, paraissent mesquins à côté de
ce couple. Si la mère des dieux descendait,
tous deux se serreraient à son char et elle

se réjouirait de son attelage. Mais maintenant ils sont là, mélancoliques ; le moderne matou ailé roue partout, et c'est lui que Venise nomme son patron.

XXI

Le pèlerin accourt avec empressement ; mais trouvera-t-il le saint ? — Entendra-t-il et verra-t-il l'homme qui fit des miracles ? — Non ! le temps l'a emporté ; tu ne trouveras que des restes : son crâne, quelques os conservés. Nous tous, qui allons en Italie, nous sommes des pèlerins ; crédules et satisfaits, nous honorons seulement des ossements épars.

XXII

Jupiter Pluvieux, tu apparais aujourd'hui comme un démon aimable ; car, en un seul instant, tu offres un cadeau varié :

tu donnes à boire à Venise, à la campagne
la végétation verdoyante, et, à ce petit
livre, maintes poésies.

XXIII

Verse toujours, continue à abreuver les
grenouilles au dos rougeâtre, arrose ce sol
desséché, pour qu'il nous fournisse des
broccoli. Mais, de grâce, ne noie pas ce
petit livre; qu'il soit pour moi un flacon
de pur arack, et que chacun, suivant son
goût, se fasse du punch.

XXIV

On nomme cette église Saint-Jean-du-
Marais; à double titre j'appellerai aujour-
d'hui Venise, Saint-Marc-du-Marais.

2

XXV

As-tu vu Baja ? Tu connais alors la mer
et ses poissons. Voici Venise : tu connais
maintenant la mare et ses grenouilles.

XXVI

— « Dormiras-tu donc toujours ? » Tais-
toi et laisse-moi reposer ! Que ferais-je ici,
si j'étais éveillé ?... Le lit est large, mais
vide ! Partout où l'on couche seul, là est
la Sardaigne ; Tibur, ami, est partout où
la bien-aimée te réveille.

XXVII

Toutes les neuf, — je veux dire les
Muses, — m'ont souvent fait signe ; mais
je n'y prenais pas garde : la bien-aimée
était sur mes genoux. J'ai délaissé main-

tenant mon amie ; les Muses m'ont aban-
donné et j'ai regardé d'un œil trouble,
cherchant le poignard et la corde. Mais
l'Olympe est rempli de dieux : tu vins,
Ennui ! pour me sauver ; je te salue le
père des Muses.

XXVIII

— « Quelle bien-aimée je voudrais pos-
séder? » me demandez-vous. Je l'ai telle
que je la désire ; c'est, à mon avis, dire
beaucoup en peu de mots. Je me promenais
au bord de la mer et cherchais des coquilla-
ges. Dans l'un d'eux j'ai trouvé une petite
perle ; je la garde maintenant sur mon
cœur.

XXIX

J'ai essayé bien des choses : dessiné,
gravé sur cuivre, peint à l'huile ; j'ai égale-
ment imprimé sur l'argile différents sujets :
inconstant toutefois, je n'ai rien appris et

rien réalisé. Il n'y a qu'un seul talent que
j'ai porté presque à la perfection : écrire
l'allemand. Et de la sorte, infortuné poète!
je compromets malheureusement et ma vie
et l'art avec les plus mauvais matériaux.

XXX

Vous portez de beaux enfants, et, le visage
voilé, vous êtes là debout, demandant l'aumône. Cela s'appelle parler avec autorité au
cœur de l'homme. Chacun désirerait possé-
der un garçon semblable au petit nécessi-
teux que vous montrez, et une bien-aimée
comme on se l'imagine sous ce voile.

XXXI

Ce n'est pas ton propre enfant, à l'aide
duquel tu demandes l'aumône, et tu m'é-
meus. Oh! combien me toucherait davantage celle qui me présenterait le mien !

XXXII

Pourquoi lèches-tu tes lèvres quand, pressée, tu me rencontres? — Fort bien! ta petite langue me dit combien elle est babillarde.

XXXIII

L'Allemand apprend et pratique tous les arts; il manifeste un beau talent dans chacun de ceux qu'il embrasse sérieusement. Il n'y a qu'un art seul, la poésie, qu'il exerce sans vouloir l'apprendre; aussi la gâche-t-il. Amis! nous en savons quelque chose.

XXXIV

Vous vous déclarez souvent, vous les dieux, les amis du poète; accordez-lui donc ce qui lui est nécessaire. Il est modéré dans ses besoins, mais ils sont nombreux : d'abord un logement riant, ensuite une nourriture passable et une boisson fine; comme vous, l'Allemand se connaît en nectar. Puis des vêtements convenables et des amis avec qui causer familièrement ; après, une bien-aimée pendant la nuit, qui le désire de tout son cœur. Avant tout, je réclame ces cinq choses naturelles. Donnez-moi, en plus, la connaissance des langues anciennes et modernes, afin que je comprenne les industries des peuples et leur histoire ; donnez-moi un sentiment pur de ce qu'ils ont réalisé dans l'art. Accordez-moi l'estime du peuple ; procurez-moi de l'influence auprès des puissants et tout ce qui semble encore avantageux parmi les humains. C'est bien, ô divinités ! dès maintenant je vous remercie. Vous aurez avant peu complété le plus heureux des hommes, car vous m'avez déjà favorisé des choses principales.

XXXV

Parmi les princes de l'Allemagne, le mien, il est vrai, est petit ; rétréci et sans dimension est son territoire ; restreinte est sa puissance. Que chacun, cependant, emploie comme lui ses forces au dedans aussi bien qu'au dehors, et ce serait une fête d'être Allemand avec les Allemands. Mais que loues-tu celui que célèbrent ses faits et ses œuvres ? — Peut-être ton admiration semblera-t-elle intéressée ; car il m'a donné ce que les grands accordent rarement : bienveillance, loisirs, confiance, champs, jardin et maison. Je n'ai personne autre à remercier que lui, et j'avais besoin de beaucoup de choses, moi qui, comme poète, m'entends mal au gain. L'Europe m'a loué, mais que m'a donné l'Europe ? — Rien ! J'ai payé, — combien cher ! — mes poésies. L'Allemagne m'a imité et la France a pris plaisir à me lire. Tu as accueilli

aimablement, Angleterre! l'hôte en lutte
avec lui-même. Mais à quoi me sert-il que le
Chinois aussi peigne sur verre, d'une main
mal assurée, Werther et Charlotte? — Jamais
un empereur ne s'est informé de moi ; aucun roi ne s'est inquiété à mon sujet, et Lui
fut mon Auguste et mon Mécène.

XXXVI

Qu'est-ce que la vie d'un homme ? —
Cependant, des milliers de gens peuvent
parler de cet homme, de ce qu'il a fait et
comment il l'a fait. Bien moindre est un
poème ; toutefois, mille peuvent en jouir et
mille le critiquer. Laisse-toi vivre, ô mon
ami ! et continue à rimer.

XXXVII

Je m'étais fatigué à ne contempler que
des tableaux, admirables trésors de l'art
comme Venise les conserve. Cette jouis-

sance aussi réclame interruption et loisirs;
mon regard languissant cherchait un charme vivant. Jongleuse! en toi je reconnus
alors le type des petits enfants, tels que
Jean Bellin les a peints si séduisants avec
leurs ailes; tels que Paul Véronèse les envoie, avec des coupes, au fiancé dont les
hôtes trompés boivent de l'eau pour du
vin.

XXXVIII

Comme, sculptée par une main artiste,
la chère petite personne, molle et sans
os, nage telle qu'un mollusque! Tout est
membre, articulation, et tout est coquet,
tout bien proportionné et se meut à volonté. J'ai observé les hommes et les animaux, les oiseaux et les poissons, et maints
étranges reptiles, phénomènes de la grande
nature; pourtant, je te regarde avec éton-
nement, Bettine, aimable merveille, toi
qui es tout en même temps, et, de plus
encore, un ange!

XXXIX

Gracieuse enfant, ne tourne pas tes petites jambes vers le ciel ! Jupiter, le malin,
te voit, et Ganymède est inquiet.

XL

Tourne sans crainte tes petits pieds vers
le ciel ! Nous tendons en haut les bras en
prière, mais moins innocents que toi.

XLI

Ton petit cou se penche de côté. Est-ce
un prodige ?... Il te porte souvent tout
entière ; tu es légère, et seulement trop
lourde pour ton cou. La pose inclinée de
ta petite tête ne m'est point du tout dé-
sagréable : jamais nuque ne s'est courbée
sous un plus beau poids.

XLII

Tel Breughel, aux conceptions infernales
et nébuleuses, trouble le regard incertain
avec des créations mornes et composées
d'après ses caprices; tel aussi Dürer boule-
verse notre saine raison avec ses images
apocalyptiques, tout à la fois êtres humains
et rêves de son imagination; tel un poète
excite la curiosité de l'oreille surprise, en
chantant avec puissance les sphynx, les
sirènes, les centaures; tel un rêve agite
l'homme soucieux, quand il croit saisir
quelque chose, aller en avant et que tout
plane dans le vague : ainsi nous égare
Bettine en changeant la destination de
ses gracieux membres ; mais elle nous
réjouit dès qu'elle se remet sur les pieds.

XLIII

De parti pris, je franchis la limite tracée
d'une large raie de craie. Alors que l'enfant
fait la quête, elle me repousse gentiment
en arrière.

XLIV

— « Ah ! que fait-il de ces âmes, Jésus-
Marie ?... Ce sont de petits paquets de
linge, tels qu'on les porte au lavoir. En
vérité, elle tombe ! Je ne le supporterai
pas. Viens, allons ! Quelle grâce !... Vois,
comme elle se tient avec aisance ! Elle fait
tout en souriant et avec plaisir ! » Tu as
raison, vieille femme! d'admirer Bettine ;
il me semble que tu rajeunis et que tu
embellis, puisque ma favorite te plait.

XLV

Je regarde avec bien du plaisir tout ce que tu fais; mais ce que je préfère, lorsque ton père te lance adroitement par-dessus toi-même, c'est de te voir te renverser au milieu de l'élan, et, après le saut périlleux, de te retrouver debout, courant comme si de rien n'était.

XLVI

Déjà tous les visages se dérident; les sillons de la peine, les soucis et la pauvreté s'enfuient; on croirait voir des gens heureux. Pour toi, le batelier s'attendrit et te tape sur la joue; pour toi, la bourse se délie, étroitement il est vrai, mais elle s'ouvre quand même, et l'habitant de Venise déploie son manteau et te donne, comme si tu implorais à haute voix par

les miracles de saint Antoine, par les cinq
plaies de Notre-Seigneur, par le cœur de
la bienheureuse Vierge, par le tourment
ardent qui épure les âmes. Tout petit
garçon, le batelier, le revendeur, le men-
diant, se presse et se réjouit à tes côtés
d'être un enfant comme toi.

XLVII

C'est une profession agréable que celle
de faire des vers ; seulement, je la trouve
coûteuse : à mesure que ce petit livre croît,
les sequins s'en vont.

XLVIII

— « Quelle démence, ô désœuvré ! s'est
emparée de toi ? — Ne t'arrêteras-tu pas ?
— Cette enfant va-t-elle devenir un livre ?...
Chante quelque chose de plus raisonnable. »

Patience! je chanterai bientôt les rois, les grands de la terre, lorsqu'un jour je comprendrai, mieux que maintenant, leur métier. En attendant, je chante Bettine; car jongleurs et poètes sont très proches parents, se recherchent et se trouvent volontiers.

XLIX

— « Boucs! à ma gauche, ainsi prononcera le Juge futur; et vous, petits agneaux! tenez-vous tranquillement à ma droite. » Fort bien! mais on peut espérer de lui encore une chose, c'est qu'il dira : — « Gens raisonnables! placez-vous vis-à-vis de moi. »

L

Savez-vous de quelle manière je ne manquerais pas de faire à votre intention des épigrammes par centaines?... Eloignez-moi seulement de la bien-aimée!

LI

Tous les apôtres de la liberté m'ont toujours été antipathiques; chacun n'a cherché finalement que l'arbitraire à son profit. Si tu veux donner la liberté à une foule de gens, risque-toi de les servir. Veux-tu apprendre combien cela est dangereux? — Essaie seulement !

LII

Les rois veulent le bien, les démagogues de même, dit-on; pourtant, ils se trompent. Hélas! ils sont hommes comme nous. Jamais la multitude ne réussit à faire acte de volonté en sa faveur, nous le savons; mais que celui-là se montre, qui est capable de vouloir pour nous tous.

LIII

Crucifiez à sa trentième année tout fanatique ; s'il venait par hasard à connaître le monde, de dupe il deviendrait fripon.

LIV

Que les grands réfléchissent sur le triste sort de la France ; mais, en vérité, que les petits y songent encore davantage! Les grands ont péri ; qui a protégé ensuite le peuple contre le peuple? — Le peuple devint alors son propre tyran.

LV

J'ai vécu dans des temps de démence, et je n'ai pas manqué d'être aussi fou que le temps me l'ordonnait.

3

LVI

— « Dis-moi, n'avons-nous pas raison ?
Il faut tromper la populace. Vois seulement
comme elle est inepte, vois comme elle se
montre brutale ! » Ineptes et brutales sont
toutes les dupes incultes; soyez honnête
et amenez ainsi le peuple à être humain.

LVII

Les princes frappent bien souvent leur
portrait marquant sur du cuivre à peine
argenté; le peuple s'y trompe longtemps.
Les charlatans frappent le mensonge et la
sottise au coin de l'intelligence. Celui à
qui manque la pierre de touche, les prend
pour or pur.

LVIII

— « Ces gens sont fous ! » dites-vous
des hâbleurs impétueux dont nous entendons, en France, la voix stridente dans les
rues et au marché. Ils me semblent égale-
ment insensés; un fou en liberté prononce
pourtant de *sages sentences*, quand, hélas!
la sagesse est devenue muette chez l'es-
clave.

LIX

Durant longtemps, les grands ont parlé
la langue française et n'estimaient qu'à
demi l'homme des lèvres duquel elle ne
découlait pas. A présent, le peuple entier,
ravi, a pris le ton des Français. Ne vous
fâchez pas, puissants ! ce que vous avez
souhaité, arrive.

LX

Épigrammes ! ne soyez donc pas si hardies. — « Et pourquoi non ?... Nous sommes de simples épigraphes : le monde possède les chapitres du livre. »

LXI

Comme le grand apôtre vit une nappe couverte d'animaux purs et impurs ; ainsi, lecteur, se présente à toi ce petit livre.

LXII

Peux-tu décider si une épigramme est bonne ? — On ne sait même pas toujours ce que le sournois a voulu dire.

LXIII

Plus il est vulgaire et confine à la jalousie et à l'envie, d'autant mieux, assurément, tu saisiras ce petit poème.

LXIV

Chloé jure qu'elle m'aime; je n'en crois rien. — « Elle t'aime cependant, » me dit un physionomiste. Fort bien! si je le croyais, ce serait déjà fini.

LXV

Tu n'aimes personne, Philarque! et tu m'aimes bien vivement. N'y a-t-il donc nulle autre voie que celle-là pour me subjuguer?

LXVI

Est-ce donc un si grand mystère que la connaissance de Dieu, de l'homme et de l'univers ?... Non ! personne cependant ne cherche à le pénétrer volontairement ; c'est pourquoi cela reste un mystère.

LXVII

Je suis capable de supporter beaucoup de choses : j'endure la plupart des plus incommodes avec un courage résigné, comme un Dieu me l'ordonne. Il en est cependant quelques-unes qui me répugnent autant que le poison et le serpent ; elles sont au nombre de quatre : la fumée de tabac, les punaises, l'ail et †.

LXVIII

Depuis longtemps déjà je vous aurais
volontiers parlé de ces petites bêtes qui ;
avec tant de grâce et de rapidité, passent
d'un endroit à l'autre. Elles ressemblent à
de petits serpents, mais à quatre pattes ;
elles courent, rampent et se glissent, et
traînent légèrement derrière elles leurs
petites queues. Voyez, elles sont ici, là !
Maintenant elles ont disparu ! Où sont-
elles ?... Quelle fente, quelle herbe a reçu
les fuyardes ?... Si vous voulez bien me le
permettre, à l'avenir je nommerai lacertes [1]
ces petites bêtes, dont je me servirai encore
souvent comme d'une agréable image.

(1) Du latin *lacerta*, lézard.

LXIX

Qui a vu des lacertes, peut se faire une idée des gracieuses filles qui traversent çà et là la place. Elles sont rapides et agiles ; elles glissent, s'arrêtent et causent, et l'on entend le bruissement de la robe derrière celle qui va en hâte. Vois, elle est ici, là ! Si tu la perds de vue un instant, tu la chercheras en vain ; elle ne ressortira pas si vite. Mais si tu ne crains pas les recoins, les ruelles et les escaliers étroits, suis-la dans son repaire où elle t'invite à venir.

LXX

Vous voulez savoir maintenant ce qu'est un repaire ?... Ce livre d'épigrammes deviendra alors presque un vrai lexique.

Ce sont des maisons obscures dans des
ruelles étroites : la belle te mène prendre
le café, et ce n'est pas toi qui te montres
actif, mais bien elle.

LXXI

Deux de ces lacertes, des plus jolies, se
tenaient toujours réunies : l'une un peu
trop grande, l'autre un peu trop petite.
Si tu les vois ensemble, le choix te devient
impossible ; chacune séparément paraît
être la plus belle.

LXXII

Les saints, dit-on, voulaient surtout
le bien du pécheur et de la pécheresse.
Il m'arrive exactement la même chose.

LXXIII

— « Si j'étais une femme d'intérieur et si j'avais ce qui m'est nécessaire, je serais fidèle et joyeuse, j'embrasserais mon mari et je le presserais sur mon cœur. » Ainsi me chantait, parmi d'autres chansons triviales, une fille à Venise, et jamais je n'ai entendu plus pieuse prière.

LXXIV

Je ne puis m'étonner que les hommes aiment tant les chiens, car l'homme est un aussi pitoyable gueux que le chien.

LXXV

Je crois être devenu bien libre ; quelle merveille ! Vous savez, ô dieux ! et vous n'êtes pas seuls à le savoir, que je suis aussi pieux et fidèle.

LXXVI

— « N'as-tu pas vu la bonne société?...
Ton petit livre nous présente presque
exclusivement le peuple, des bateleurs et
même quelque chose de plus bas encore. »
J'ai vu la bonne société; on l'appelle ainsi,
quand elle ne fournit aucun sujet pour la
plus petite poésie.

LXXVII

Ce que le destin a voulu de moi ?... Il
serait téméraire de le demander; car, le
plus souvent, il ne réclame pas grand'
chose de beaucoup de gens. Son intention
de former un poète lui aurait réussi, si la
langue ne s'était pas montrée rebelle.

LXXVIII

— « Tu t'occupes de botanique, d'opti-
que?... Que fais-tu là ? — N'y a-t-il pas
plus bel avantage à toucher un tendre
cœur ? » Ah ! les cœurs tendres, un sot
peut les émouvoir. Que ce soit mon unique
bonheur de m'occuper de toi, ô Nature !

LXXIX

Newton a ramené toutes les couleurs au
blanc. Il vous a fait accroire bien des choses
auxquelles vous avez foi depuis un siècle [1].

LXXX

— « Tout s'éclaircit à merveille, ainsi
me disait un écolier, grâce aux théories que

[1] L'expression *weiss*, employée ici dans deux
sens différents, constitue un jeu de mots intraduisible
en français.

le maître nous a sagement enseignées. »
Avez-vous solidement charpenté une croix
en bois ? Un corps vivant s'y adaptera
naturellement pour le supplice.

LXXXI

Si, par de pénibles voyages, un jeune
homme s'efforce d'arriver vers sa bien-
aimée, qu'il possède ce petit livre ; il est
attrayant et consolant tout à la fois. Et si
un jour une jeune fille attend son bien-
aimé, qu'elle tienne ce petit livre et qu'elle
ne le jette loin que lorsqu'il viendra.

LXXXII

Semblables aux signes de la fillette
pressée qui, en passant, me frôle amicale-
ment le bras en cachette, ainsi, ô Muses !
vous accordez au voyageur ces petites
poésies. Ah ! réservez à l'ami une faveur
plus marquante encore.

LXXXIII

Lorsque, voilé par les nuages et les vapeurs, le soleil n'envoie que des heures ternes, comme nous cheminons silencieusement dans les sentiers ! Si la pluie presse les pas du voyageur, combien l'abri d'un toit rustique lui est agréable ! Comme l'on repose délicieusement pendant une nuit d'orage ! Mais le dieu reparaît ! Chasse vite les nuages de ton front : ressemble à la mère Nature.

LXXXIV

Veux-tu, avec un sentiment pur, jouir des plaisirs de l'amour ? — Ah ! éloigne de ton cœur la luxure et la gravité. La première chasserait l'Amour; la seconde voudrait l'enchaîner : le dieu malin, en souriant, contrarie l'une et l'autre.

LXXXV

Divin Morphée! tu agites inutilement tes doux pavots; mes yeux resteront pourtant ouverts si Amour ne me les ferme pas.

LXXXVI

Tu inspires l'amour et des désirs ; je le sens et je brûle. Aimable enfant, inspire-moi maintenant confiance !

· LXXXVII

Ah ! je te connais, Amour! aussi bien que qui que ce soit. Tu portes là ta torche et elle rayonne devant nous dans les ténèbres. Mais tu nous conduiras bientôt par des sentiers embrouillés; c'est alors que nous aurions besoin de ta torche. Hélas ! la traîtresse s'éteint.

LXXXVIII

Une seule nuit sur ton cœur ! le reste
se trouvera. Amour nous sépare encore
dans le brouillard et la nuit. Oui ! je verrai
le matin où l'Aurore épiera les amis, le
sein contre le sein ; où Apollon, le mati-
nal, les réveillera.

LXXXIX

Est-ce sérieux ? — Alors n'hésite pas plus
longtemps ; rends-moi heureux ! Badines-
tu ? — C'est assez plaisanté, ô ma bien-
aimée !

XC

Te chagrine-t-il que je me taise ? — Que
dirais-je ? — Tu ne fais pas attention à
la silencieuse éloquence de mes soupirs et
de mes regards. Une déesse a le pouvoir

de rompre le sceau de mes lèvres, Aurore seule, qui me réveillera un jour sur ton sein. Oui! que mon hymne résonne alors en faveur des divinités matinales, comme la statue de Memnon faisait délicieusement entendre des secrets.

XCI

Quel jeu divertissant ! Le disque, qui a échappé à la main, remonte avec rapidité en se recoquillant le long du fil. Voyez : ainsi je parais lancer mon cœur, tantôt à une belle, tantôt à une autre ; mais il me revient bientôt dans son vol.

XCII

Oh ! combien je faisais attention jadis à toutes les époques de l'année ! Je saluais l'arrivée du printemps ; j'aspirais après

l'automne. Mais il n'y a plus maintenant
ni été, ni hiver, depuis que, comblé de
bonheur, l'aile de l'Amour m'abrite et
qu'un éternel printemps plane autour de
moi.

XCIII

— « Dis-moi, comment vis-tu ? » Je vis !
et si des centaines et des centaines d'années
étaient accordées à l'homme, je désirerais
pour moi que demain fût comme aujour-
d'hui.

XCIV

De quelle manière, ô dieux ! dois-je
vous remercier ? — Vous m'avez donné tout
ce pourquoi l'homme vous implore ; seulement, vous ne m'avez accordé presque
rien dans les règles.

XCV

Gravir la plus haute cîme avant l'aube
matinale ; te saluer de bonne heure, gracieuse étoile, messagère du jour! attendre,
impatient, les regards du roi du ciel ;
combien de fois, ô charme de l'adolescent !
ne m'as-tu pas attiré dehors pendant la
nuit ! — Maintenant, regards divins de ma
bien-aimée, vous me paraissez les messa-
gers du jour, et le soleil arrive pour moi
toujours trop tôt.

XCVI

Tu t'étonnes et tu me montres la mer :
elle semble être en feu. Comme l'onde
flamboyante s'agite autour du bateau
dans les ténèbres ! Cela ne me surprend
pas : la mer a enfanté Aphrodite, et n'est-il
pas sorti d'elle une flamme, — son fils ?

XCVII

Je voyais resplendir la mer et étinceler la
vague gracieuse; les voiles étaient fraîche-
ment gonflées par un vent favorable. Mon
cœur n'éprouvait aucune aspiration. Bientôt mon regard langoureux se tourna en
arrière, vers la chaîne de montagnes couvertes de neige. Que de trésors dans le
Midi! Mais un puissant aimant m'attire
irrésistiblement vers le Nord.

XCVIII

Hélas! ma bien-aimée part; elle s'embar-
que! — Eole, ô mon roi, puissant prince!
retiens les tempêtes! — « Insensé! me dit
le dieu, ne redoute pas la tourmente dé-
chaînée! crains le souffle de l'Amour lorsqu'il agite doucement ses ailes. »

XCIX

Pauvre et sans vêtements était la jeune fille lorsque j'allais après elle : nue elle me plut alors ; telle elle me plaît encore aujourd'hui.

C

Je me suis souvent fourvoyé et me suis retrouvé, mais sans être jamais plus heureux ; maintenant, cette fille fait mon bonheur. Si c'est aussi une illusion, épargnez-moi, ô vous, divinités plus clairvoyantes ! et ne me désabusez qu'au-delà du froid rivage.

CI

Ton sort, Midas, était triste : dans tes mains tremblantes tu sentais, vieillard affamé, la transformation pesante de la

nourriture. Il m'arrive plus gaiement dans
une situation analogue, car ce que je touche, se change aussitôt sous ma main en
poésie facile. Muses amies ! je ne m'y
oppose point ; mais ne faites pas passer
pour moi à l'état de fable la bien-aimée
que je serre fortement contre mon sein.

CII

— « Ah ! ma gorge est un peu enflée ! »
Ainsi me disait, inquiète, la meilleure des
filles. — Patience, mon enfant, patience !
et écoute-moi. La main de Vénus t'a tou-
chée ; elle t'indique tout bas que bientôt,
hélas ! sans qu'on puisse l'arrêter, elle dé-
formera ton corps délicat ; rapidement elle
gâtera ta svelte taille, tes petits seins
gracieux ; tout s'étendra alors, et ta robe la
plus neuve ne s'ajustera plus nulle part.

Mais ne t'inquiète pas ! La fleur qui tombe,
indique au jardinier que le fruit savou-
reux, en se gonflant, mûrira en automne.

CIII

Il est délicieux de tenir dans ses bras,
plein de désirs, la bien-aimée, quand, le
cœur palpitant, elle t'avoue pour la première fois son amour. Il est plus délicieux
encore de sentir les mouvements du nouvel
être qui, toujours se nourrissant, s'agite
dans l'aimable sein. Déjà il tente les bonds
de la jeunesse agile ; déjà il frappe plein
d'impatience, aspirant après la lumière du
ciel. Attends encore quelques jours ! Les
Heures te conduisent avec sévérité sur
tous les sentiers de la vie, comme le
Destin l'ordonne. Quoi qu'il t'arrive, ô toi,
mon favori grandissant, l'amour t'a formé ;
que l'amour devienne ton partage !

CIV

C'est ainsi que, séparé de tous mes amis,
je laissais s'écouler, en badinant, les jours
et les heures dans la cité neptunienne.
J'assaisonnais par un doux souvenir, j'assaisonnais par l'espérance, tout ce que j'éprou-
vais : ce sont les plus agréables condiments
du monde.

FIN

www.ingramcontent.com/pod-product-compliance
Lightning Source LLC
LaVergne TN
LVHW022142080426
835511LV00007B/1212